MI PRIMER JARDÍN

LIVI GOSLING

DK

DK | Penguin Random House

Ilustración Livi Gosling
Texto Satu Hämeenaho-Fox
Asesoramiento Eleanor Richardson
Edición sénior Carrie Love
Diseño Rachael Prokic
Diseño adicional Eleanor Bates,
Sif Nørskov
Diseño de cubierta Livi Gosling
Edición ejecutiva Penny Smith
Edición de producción sénior Abi Maxwell
Control de producción Isabell Schart
Subdirección de arte Mabel Chan
Dirección editorial Francesca Young
Dirección de publicaciones Sarah Larter

De la edición en español:
Coordinación editorial
Cristina Sánchez Bustamante
Asistencia editorial y producción
Eduard Sepúlveda

Servicios editoriales Tinta Simpàtica
Traducción Anna Nualart

Publicado originalmente en Gran Bretaña
en 2023 por Dorling Kindersley Limited
DK, One Embassy Gardens, 8 Viaduct Gardens,
Londres, SW11 7BW
Parte de Penguin Random House

Título original: *My First Garden*
Primera edición: 2024

ISBN: 978-0-7440-9406-0

Impreso y encuadernado en China

www.dkespañol.com

MIXTO
Papel | Apoyando la
selvicultura responsable
FSC™ C018179

Este libro se ha impreso con papel
certificado por el Forest Stewardship
Council™ como parte del compromiso
de DK por un futuro sostenible.
Para más información, visita
www.dk.com/our-green-pledge

Antes de comenzar

Seguridad

- Si ves un triángulo rojo, actúa con precaución y pide siempre a un adulto que te ayude.
- Ten mucho cuidado con los fogones calientes y las cocinas eléctricas o de gas. Comprueba si la cocina está encendida o apagada y protégete las manos cuando toques o sujetes algo caliente. Usa siempre manoplas de cocina.
- Extrema las precauciones cuando manipules sartenes o líquidos calientes, procura que estos no se derramen y protégete las manos (con manoplas o con un paño de cocina) cuando muevas o sujetes objetos calientes. Si te quemas, avisa inmediatamente a un adulto.
- Ten cuidado al manipular objetos afilados, como cuchillos o tijeras.
- Lávate siempre bien las manos después de manipular guindillas y evita tocarte los ojos, la boca u otras zonas sensibles.
SI TIENES ALGUNA DUDA, pide ayuda a un **ADULTO**, sobre todo si no estás seguro de algo.

Higiene

Tanto si estás en la cocina como en el jardín, debes seguir siempre estas importantes normas para mantener a raya los gérmenes:
- Lávate siempre las manos antes de empezar a preparar una receta.
- Utiliza agua caliente y jabón para limpiar las tablas de cortar después de cada uso.
- Mantén limpia la zona donde estés cocinando y ten a mano un paño para recoger cualquier posible derrame.
- Comprueba siempre la fecha de caducidad de todos los ingredientes.
- Lávate las manos después de hacer una actividad, especialmente después de trabajar con tierra.

Alergias

- Comprueba siempre que los ingredientes de una receta no contengan nada a lo que tú, un amigo o cualquier persona que consuma el encurtido de verduras podáis ser alérgicos, o que no forme parte de su dieta recomendada. Ten la misma pecaución al manipular las semillas, plantas y hortalizas que estés cultivando. Algunas plantas pueden ser tóxicas.

Utensilios

- Asegúrate de tener todos los utensilios preparados antes de empezar una actividad o hacer una receta. Probablemente ya tengas la mayoría de los ingredientes en tu cocina, pero puede que hayas de comprar algunos para preparar el encurtido de verduras.

Contenidos

4   Bienvenido a tu primer jardín

6   Cómo cultivar

8   ¿Qué es una semilla?

10   ¿Dónde encuentro semillas?

12   Cómo plantar semillas

14   ¿Qué necesita una planta?

16   Plantar y pasar a una maceta

18   Marca la diferencia

20   Un jardín donde tú quieras

22   Qué plantar

24   Distintas estaciones

26   Familias de hortalizas

28   Sácale partido a tu espacio

30   Un huerto en el alféizar

32   Plantar en una maceta

34   Conoce la tierra

36   Cómo ser agricultor

38   Flores al poder

40   Plantas amigas

42   Deliciosa imperfección

44   Mi jardín silvestre

46   Cadenas alimentarias

48   Vida salvaje todo el año

50   Los amigos de las flores

52   Atraer a los polinizadores

54   Estanque vivo

56   Resolver los problemas

58   Pasear por el campo

60   Más allá de tu jardín

62   Tus propios encurtidos

64   Flores prensadas

66   Compartir semillas

68   Mundo silvestre

70   Bolas de semillas

72   Resistir la sequía

74   El jardinero ecológico

76   Glosario

78   Índice

80   Agradecimientos

Bienvenido a tu primer jardín

Cultivar es fantástico

Crear un jardín o un huerto es muy fácil. No vas a necesitar ni herramientas sofisticadas ni mucho espacio. Te bastará con una semilla, una maceta y algo de tierra. Cultivar es una forma estupenda de hacer del mundo que te rodea un lugar más verde y agradable. Estar rodeados de plantas hace que nos sintamos más felices, y comer vegetales nos aporta muchos nutrientes saludables.

Comienza poco a poco, y pronto ¡serás un gran jardinero!

Poco espacio

Muchos proyectos del libro puedes hacerlos en un espacio tan pequeño como una taza o tan grande como todo un campo.

Qué vas a aprender

Cualquier proyecto de jardinería empieza con las mismas ideas básicas. En este libro aprenderás qué necesitan las semillas para crecer y cómo elegir las mejores plantas para tu jardín. Aprenderás a plantar en una maceta y a regar tu planta y ayudarla a crecer grande y fuerte.

¡Comienza tu primer jardín!

¡Hola, soy Livi!

Soy una ilustradora y jardinera aficionada del Reino Unido. En 2020 vivía en un piso sin jardín. Sembrar semillas en mi huerto y verlas crecer me llenaba de alegría y me ayudaba cuando algo me preocupaba.

He hecho este libro para ayudarte a cultivar tus propias plantas. Da igual si tienes jardín o no. El simple hecho de cultivar algo, aunque sea en una maceta, ya te convierte en un jardinero.

Te sorprenderá todo lo que puedes hacer con unas pocas semillas y una maceta con tierra. ¡Feliz cultivo!

Ve a las pp. 18-19
y verás cómo TÚ puedes
marcar la diferencia.
Ningún jardín florece
sin un jardinero.

Ve a las pp. 18-19

Planta una semilla. Riégala. Mírala crecer.

Cómo cultivar

¡Bienvenido al jardín! En este capítulo aprenderás a plantar semillas y a hacer que crezcan. Verás cómo los brotes se convierten en plantas. Y al final tendrás tu propio jardín.

¿Qué es una semilla?

Una semilla es un fragmento vegetal que contiene todo lo necesario para convertirse en una planta si tiene la suerte de caer o ser plantada en un suelo rico y recibe suficiente agua y luz del sol.

1 Esta semilla es afortunada. No se la ha comido ni un pájaro ni otro animalito. Cuando note el calor suficiente, se abrirá y empezará a crecer. Esto se llama germinar.

2 Con la energía almacenada en su interior, la semilla desarrolla una raíz. La raíz recoge del suelo agua y nutrientes (elementos que ayudan a crecer a la planta).

3 El brote que sale de la semilla crece hacia arriba. Cuando atraviesa la superficie del suelo, empieza a transformar la luz del sol en la energía que necesita para desarrollarse.

4 La semilla tiene una o dos hojas en su interior y ahora las abre para que les dé el sol. Más tarde le crecerán nuevas hojas, flores y nuevas semillas.

Necesidades distintas

No todas las semillas son iguales: hay que plantarlas en las condiciones adecuadas. Presta mucha atención a lo que necesita cada una de estas flores para crecer.

Girasoles

Entierra las semillas de girasol unos 2 cm, en un lugar soleado. Riégalas bien. Para proteger la planta, cúbrela con un recipiente de plástico limpio, que deberás retirar cuando aparezcan los primeros brotes.

Guisantes de olor

Para cultivar guisantes de olor, necesitarás un compost rico (ver p. 35). Entierra las semillas 1 cm. Cuando broten, ponles un palo por el que puedan trepar. El tallo utilizará el palo como soporte para crecer a su alrededor.

Dalias

Llena una maceta con tierra húmeda. Pon las semillas en la superficie, dejando sobresalir un extremo. Cúbrelas con un recipiente de plástico hasta que aparezcan los brotes. Luego retíralo.

¿Dónde encuentro semillas?

Hay semillas en todas partes, aunque no las veas. Todas las plantas, desde el árbol más grande hasta la hierba más pequeña, producen semillas. ¿Cómo puedes conseguir semillas para cultivar tus plantas? El jardín y la cocina son buenos lugares para empezar a buscar.

Exteriores

Semillas del jardín

Las flores silvestres dan semillas al final del verano. Cuando se hayan caído los pétalos, sacude las semillas en un sobre. Guarda el sobre en un lugar fresco y seco, y las semillas se conservarán hasta la primavera.

Antes de comenzar

Recoge las semillas en un día seco y apacible. Las semillas húmedas se pudren antes de crecer, y muchas son tan pequeñas que el viento se las lleva.

Tienen muchas formas y tamaños.

Caléndula

Aguacate

Maíz

Avellana

Granada

Coriandro

Diente de león

Manzana

Limón

Trigo

Alubia roja

Interiores

Semillas de la cocina

Las semillas de los pimientos suelen tirarse antes de cocinarlos, así que pide que te las guarden. Acláralas bajo el grifo y sécalas sobre papel de cocina. Puedes plantarlas enseguida, justo bajo la superficie de la tierra. Ponlas en un lugar soleado: están acostumbradas a los climas cálidos.

Antes de comenzar

Algunas frutas y verduras de las tiendas son «híbridos» diseñados para ser comidos, no para dar semillas. Comprad frutas y verduras ecológicas para obtener semillas con más posibilidades de crecer.

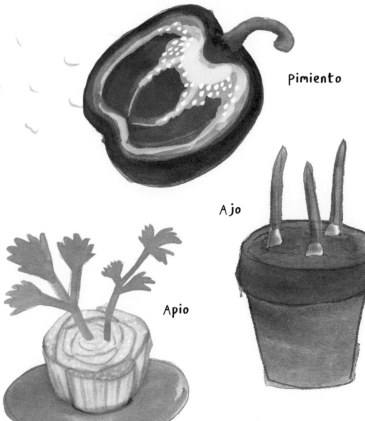

Pimiento

Ajo

Apio

Hierbas y especias

Algunas hierbas y especias de cocina se pueden plantar. Prueba con semillas de mostaza, hinojo o fenogreco. Haz caer con cuidado unas cuantas semillas del tarro y plántalas en una maceta. También puedes plantar dientes de ajo enteros. Riega con regularidad y en unas semanas tendrás hierbas germinadas.

Col china

Plantas de apio

Puedes cultivar hojas nuevas con los extremos del apio o de la col china. Una vez cortado, recupera los extremos y ponlos en un recipiente con agua, con la parte cortada hacia arriba. Cambia el agua cada pocos días y mira cómo crecen las hojas.

Truco

Intercambia semillas con amigos aficionados a la jardinería.

Cómo plantar semillas

Una vez que hayas encontrado, comprado o intercambiado tus semillas, debes plantarlas. Evita comprar macetas o bandejas nuevas, ya que suelen ser de plástico. En su lugar, reutiliza envases de plástico limpios para crear tus propios recipientes y tapas. Pide a un adulto que haga agujeros en el fondo para que el agua pueda salir.

Necesitarás:

- ♥ macetas o bandejas
- ♥ compost
- ♥ semillas
- ♥ regadera
- ♥ cubierta de plástico transparente
- ♥ etiquetas
- ♥ rotulador

¡Dato curioso!

La mayoría de las semillas deben plantarse a una profundidad de entre dos y tres veces su diámetro.

1 Rellena de compost la maceta o jardinera hasta unos 2 cm del borde. Alisa la parte superior para que quede uniforme.

2 Esparce las semillas por la superficie y añade una fina capa de compost por encima.

3 Riega las semillas de manera que el compost quede húmedo, pero no empapado.

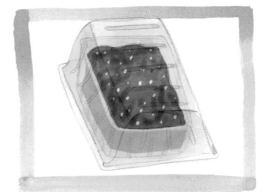

4 Cubre la maceta o jardinera con una tapa transparente de plástico. Mantendrá el calor y la humedad, como un invernadero.

5 Pon etiquetas en las macetas o escribe en la tapa de plástico el nombre de las semillas y la fecha en que las plantaste. Así te acordarás de qué planta es cuando las semillas empiecen a crecer.

6 Tardarán unas semanas, pero, con suerte, bajo la tierra tus semillas empezarán a brotar y crecer. Pasa página para saber qué hacer a continuación.

COMPOST

Sin turba

Tierra y compost

A las semillas les gusta que el compost esté un poco suelto para poder crecer. Asegúrate de que en la etiqueta de tu saco de compost ponga «sin turba». La turba es un tipo especial de suelo que se forma en terrenos húmedos y pantanosos. Es importante para que la tierra se mantenga fresca, y por eso hay que dejarla en el suelo.

¿Qué necesita una planta?

La mayoría de las plantas solo necesitan tres cosas: luz, agua y una temperatura adecuada. Si se las das en su justa medida, crecerán bien, pero, si no, se volverán marrones, perderán las hojas o simplemente se negarán a crecer.

Luz

Es lo más importante. Las plantas absorben la luz y la transforman en energía para crecer, en un proceso llamado fotosíntesis. Cuando compras una planta en una tienda, la etiqueta suele indicar el tipo de luz que necesita, desde luz directa hasta sombra.

Temperatura interior

Las plantas de interior son las que necesitan una temperatura similar a las de las personas, pero hay lugares de nuestras casas donde no les gusta estar. Procura no ponerlas cerca de radiadores o estufas que las resequen, ni en habitaciones frías o con corrientes de aire. Las hojas amarillas son un signo de exceso de calor, y las marrones significan que la planta tiene demasiado frío.

Agua

Comprueba una vez a la semana si tus plantas necesitan agua. Antes de regar, mete un poco el dedo en la tierra para ver si está elástica y húmeda. Si es así, no riegues. Si está seca y rígida, vierte una buena cantidad de agua. Si la planta está en una maceta, deja de regar si ves que hay agua en la bandeja.

Temperatura exterior

Si las temperaturas bajan por debajo de 0 °C, las plantas pueden congelarse y morir. Es lo que se llama una helada. Intenta plantar cuando hayan pasado las heladas. Pero si llega una helada cuando ya has plantado, aún hay esperanza. Corta las partes muertas de la planta para que crezcan las que quedan vivas. Traslada las macetas al interior hasta que estés seguro de que ha pasado el frío.

Plantar y pasar a una maceta

Las semillas que salen adelante se convierten en plántulas, que al crecer se convierten en plantas. Con el tiempo, la planta se hace grande y necesita otra maceta. Tanto si cultivas semillas para plantarlas directamente en la tierra de tu jardín como si quieres decorar una ventana, tendrás que trasplantarlas a una maceta.

Plántulas en macetas

Unas tres semanas después de plantarlas, las semillas deberían haberse convertido en plántulas. Cuando tengan uno o dos pares de hojas, es hora de pasarlas con cuidado a una maceta. Si habías sembrado varias semillas en una misma maceta, pasa cada una a una maceta distinta.

Truco

Cuando una semilla crece y sale de la tierra, tiene unas hojas que se caerán al cabo de unos días para dar paso a las hojas de verdad, que están preparadas para transformar la luz solar en alimento.

Cambiar de maceta

Las plantas que prosperan pueden seguir creciendo y necesitar una maceta nueva.

Antes de comenzar

Fíjate en los signos que indican que hace falta una maceta más grande:
- ♥ las hojas están amarillas
- ♥ las raíces crecen en círculo (saca la planta de la maceta para mirar las raíces)
- ♥ las raíces salen por los agujeros de drenaje del fondo de la maceta
- ♥ parece demasiado pesada (una planta grande en una maceta pequeña parece que se vaya a caer)

Necesitarás:

- ♥ regadera
- ♥ papel para cubrir la encimera
- ♥ una maceta nueva más grande
- ♥ compost

1 Riega la tierra el día antes de trasplantarla. Para las plantas, cambiar de casa es estresante, así que conviene asegurarse de que estén bien regadas y cómodas.

2 Sal fuera o coloca papel para no mancharlo todo de tierra. Rellena la nueva maceta con una capa de compost.

3 Inclina la maceta vieja y saca la planta con suavidad. Desenreda las raíces con cuidado.

4 Coloca la planta en la nueva maceta. Rodéala de compost fresco y empújalo suavemente hacia abajo.

5 Vuelve a colocar la planta en el mismo lugar en que ha estado viviendo hasta ahora.

Marca la diferencia

Todo lo que tenemos se lo debemos a las plantas. Ellas producen el oxígeno que respiramos y mantienen nuestro entorno fresco y húmedo. Cultivando plantas puedes marcar la diferencia en el mundo: aunque parecen pequeñas, pueden tener un gran impacto.

Cultiva tus alimentos

Transportar los alimentos a las tiendas para que los compremos consume mucha energía. Cada kilómetro que recorre una zanahoria o una lechuga contamina. Cuanto menos combustible se necesite para el transporte, mejor para el medio ambiente. Así que, si cultivas tú mismo tus alimentos, no habrán recorrido ni un solo kilómetro!

Un vecindario más agradable

Ver plantas cuidadas hace que los vecinos aprecien la zona en la que viven. Poner plantas en el exterior, donde sean visibles, alegra a los demás, e incluso puede animar a otros a dedicarse también a la jardinería. Difunde el amor por la jardinería regalando uno de tus plantones a un vecino o a un profesor.

Hogar sano

Practicar la jardinería en casa hace entrar al interior la belleza natural. Pasar tiempo en la naturaleza te hace estar más tranquilo y feliz. Mira por la ventana. Si solo ves una pared lisa o la calle, pon una hilera de plantas para que te alegren la vista.

Lugares seguros

Las plantas sustentan la vida silvestre. Una sola planta en flor puede alimentar a una abeja, mientras que jardines de todos los tamaños ofrecen refugio a anfibios, insectos, aves y mamíferos. Si tienes cerca un patio pavimentado, pregunta si puedes levantar una losa y crear allí un jardín en miniatura. La tierra y las plantas absorben el agua y evitan que se estanque y el suelo resbale.

Un jardín donde tú quieras

A lo mejor piensas que necesitas un jardín para dedicarte a la jardinería. Pues no hace falta. Te servirá un espacio tan pequeño como un cazo o tan grande como un prado. Lo único que necesitan las plantas es luz, agua y la temperatura adecuada. Vamos a ver algunos lugares en los que podrías tener un minijardín.

El alféizar de una ventana

El espacio frente a una ventana es perfecto para la jardinería. Hay mucha luz y, a diferencia de una mesa, no volcarás las macetas mientras dibujas o juegas.

Entrada

La puerta de entrada es un buen lugar para las macetas. Si vives en un edificio de pisos, pregunta a los mayores, pues a veces no se permite poner objetos en zonas comunes.

Baño

La humedad del baño es ideal para las plantas tropicales. Les gusta tener agua a su alrededor y no les importa que no haya mucha luz.

Espacios comunes

¿Hay algún huerto comunitario cerca de tu casa? Suelen tener jornadas de puertas abiertas en las que puedes aprender técnicas de jardinería.

Pared viva

Otra opción es crecer hacia arriba. Las plantas trepadoras subirán de forma natural por cualquier estructura que les proporciones. Puedes cultivar plantas trepadoras en espacios estrechos para que crezcan contra la pared. Busca una que reciba mucha luz solar.

Necesitarás:

♥ cañas de bambú

♥ cordel

♥ algunas plantas trepadoras, como la hiedra, los guisantes de olor o la costilla de Adán

Un soporte para plantas

Ata tres cañas de bambú con una cuerda para formar un triángulo y apóyalo contra una pared. Enrolla las hojas de una planta trepadora alrededor de cada una de las cañas. Las plantas crecerán hacia arriba y alrededor del soporte.

Truco

Si no pueden crecer hacia arriba, ¡que sea hacia abajo! Coloca una planta trepadora, como el collar de corazones, en un estante del que te sea fácil bajar la maceta para regarla.

21

¿Has oído hablar
de las cucurbitáceas?
¿Conoces las brassicas?
Lee sobre las familias
de hortalizas en las
PP. 26-27.

Qué plantar

Es hora de conocer los tipos de plantas que puedes cultivar. Cada jardín es distinto, así que elige plantas a las que les guste vivir en el tuyo. Lo que decidas plantar hará que tu jardín sea especial.

Distintas estaciones

El calendario de la jardinería tiene cuatro estaciones, y en cada una de ellas se siembran y cosechan plantas diferentes. Las estaciones pueden llegar en distintos momentos y ser más cálidas o más frías, según donde vivas.

Mira: flores de verano

Mira: cerezos en flor

Planta: remolachas zanahorias colinabos

Planta: cebollas espinacas rábanos ajos coles rizadas

Recoge: fresas lechugas patatas nuevas ajos

Primavera

Con la llegada del calor, las plantas comienzan a crecer. Cuando veas que la naturaleza cobra vida, hay brotes verdes por todas partes y cantan los pájaros, llega la hora de sembrar.

Verano

Hace bastante calor para que las plantas de interior sobrevivan fuera. Planta hortalizas para cosechar en otoño e invierno y asegúrate de regar bien las plantas cuando haga calor.

Planta:
cebollas
espinacas
rábanos
ajos
coles rizadas

Alimentos de temporada

En la naturaleza, cada planta da frutos en una época. Los alimentos del súper suelen cultivarse en invernaderos y cosecharse todo el año. Los alimentos de temporada saben mejor porque se cosechan en su estación natural.

Recoge:
coles rizadas
zanahorias
apios

Recoge:
remolachas
zanahorias
puerros

Mira:
escaramujos

Mira:
campanillas
de invierno

Otoño

En otoño, las flores pierden sus pétalos y se convierten en semillas y a los árboles de hoja caduca se les caen las hojas. Es hora de meter en casa las plantas de interior y sembrar hortalizas de invierno.

Invierno

Durante los meses fríos, la naturaleza descansa. En invierno, los árboles no crecen y hay pocas flores. Pero eso no significa que no haya vida vegetal.

Familias de hortalizas

Las hortalizas se agrupan por familias, aunque las que conforman cada familia pueden ser muy diferentes entre ellas. Las agrupamos por cómo crecen y por la parte de la planta que nos comemos, que puede ser desde las raíces y las hojas hasta el fruto o las semillas.

Hortalizas de raíz y de tallo

Nos comemos las raíces y los tallos.

Zanahorias

Remolachas

Jengibre

Apio

Rábanos

Cucurbitáceas

Nos comemos los frutos.

Pepinos

Calabazas

Melones

Calabacines

Solanáceas

Nos comemos los frutos o los tubérculos (patatas).

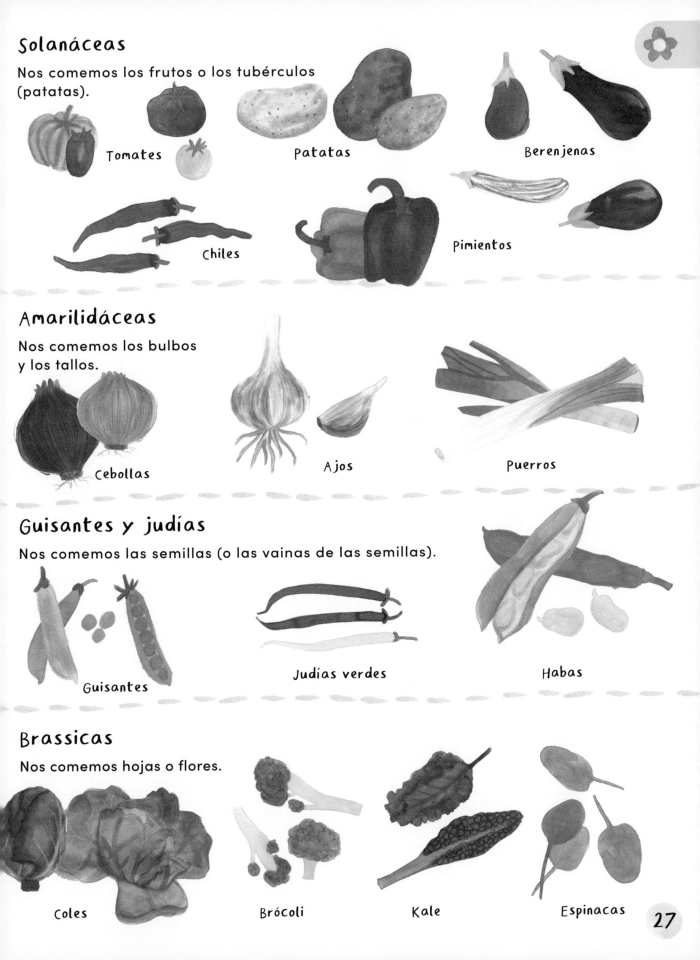

Tomates

Patatas

Berenjenas

Chiles

Pimientos

Amarilidáceas

Nos comemos los bulbos y los tallos.

Cebollas

Ajos

Puerros

Guisantes y judías

Nos comemos las semillas (o las vainas de las semillas).

Guisantes

Judías verdes

Habas

Brassicas

Nos comemos hojas o flores.

Coles

Brócoli

Kale

Espinacas

27

Sácale partido a tu espacio

Cada planta tiene su propio carácter, como las personas. Puede que a una semilla le guste que la planten en primavera, muy cerca de otras semillas, mientras que otra prefiera ser plantada en verano y necesite tener mucho espacio propio.

Lirio gigante del Himalaya

Lirio de la paz

¿Qué le conviene a mi espacio?

A veces te regalan unas semillas y no sabes qué serán. Pero la mayoría de las veces sí lo sabes. Esto es importante. Por ejemplo, el lirio gigante del Himalaya crece hasta 2,5 m de altura y tarda en florecer hasta siete años. El lirio de la paz mide 50 cm y florece pronto, en primavera y en otoño.
¿Cuál elegirías?

Cómo leer un envase de semillas

Aprovecha al máximo tu espacio plantando tantas semillas como puedas. Pero las semillas no pueden crecer si están demasiado amontonadas. Consulta el envase para saber a qué distancia debes plantarlas. Puedes aprender mucho sobre tus semillas leyendo esta información. ¡Solo hay que saber interpretarla!

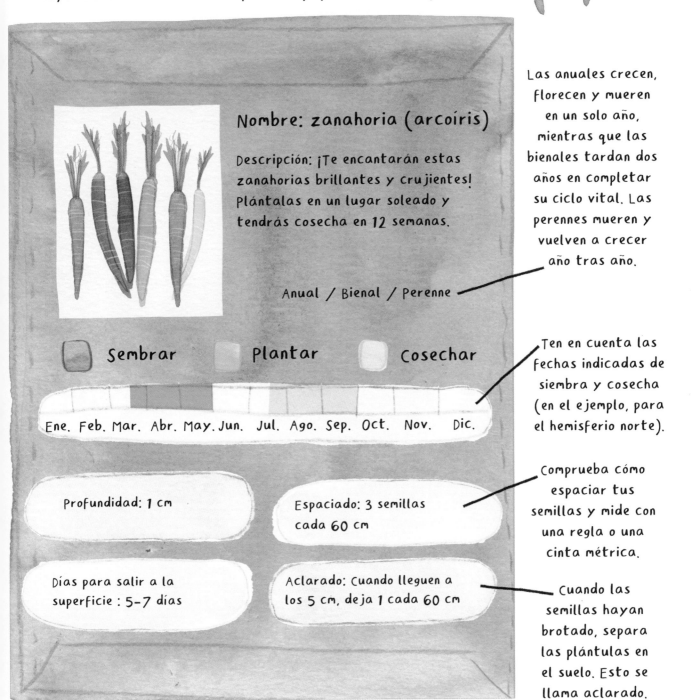

Nombre: zanahoria (arcoíris)

Descripción: ¡Te encantarán estas zanahorias brillantes y crujientes! Plántalas en un lugar soleado y tendrás cosecha en 12 semanas.

Anual / Bienal / Perenne

Las anuales crecen, florecen y mueren en un solo año, mientras que las bienales tardan dos años en completar su ciclo vital. Las perennes mueren y vuelven a crecer año tras año.

Sembrar   Plantar   Cosechar

Ene. Feb. Mar. Abr. May. Jun. Jul. Ago. Sep. Oct. Nov. Dic.

Ten en cuenta las fechas indicadas de siembra y cosecha (en el ejemplo, para el hemisferio norte).

Profundidad: 1 cm

Espaciado: 3 semillas cada 60 cm

Comprueba cómo espaciar tus semillas y mide con una regla o una cinta métrica.

Días para salir a la superficie : 5-7 días

Aclarado: Cuando lleguen a los 5 cm, deja 1 cada 60 cm

Cuando las semillas hayan brotado, separa las plántulas en el suelo. Esto se llama aclarado.

Un huerto en el alféizar

El alféizar de una ventana es un lugar ideal para cultivar
plantas comestibles que puedes utilizar en tus comidas.
Es más cálido que el exterior y está protegido del viento
y la lluvia, por lo que las plantas no se estropean. Además,
las plantas se cuidan más fácilmente en el interior.

Necesitarás:

- ♥ papel de cocina
- ♥ bandeja
- ♥ pulverizador de agua
- ♥ juguetes pequeños
- ♥ semillas de berro

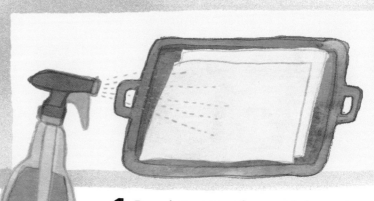

1 Pon dos capas de papel de cocina
en una bandeja y humedécelas
con un pulverizador de agua.

2 Pon tus juguetes sobre el papel
para crear una escena. Tal vez
estén en una ciudad o disfrutando
de una merienda.

3 Esparce una capa uniforme de
semillas de berro sobre el papel
alrededor de tus juguetes.

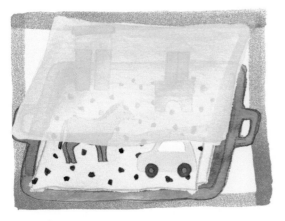

4 Cubre con otro trozo de papel de cocina. Al cabo de dos días, empezará a brotar el berro.

5 Retira el papel y deja que crezca. Rocía el papel con agua cada dos días o si lo ves seco. Pronto tendrás un pequeño jardín de berros. Puedes usarlos en ensaladas o bocadillos.

Plantar en una maceta

Puedes tener todo un jardín en una maceta grande o una jardinera. Son buenos recipientes para las plantas que crecen demasiado para el alféizar de una ventana. A diferencia de las que plantamos en la tierra, las que crecen en macetas se pueden llevar al interior si hace demasiado frío.

Berro de agua

Planta rosario

Prímulas

⚠️ Macetas y jardineras

Casi cualquier recipiente sirve para plantar. En cualquier jardín verás latas, cestas ¡o incluso alguna vieja bota! Antes de reutilizar un recipiente, asegúrate de que pueda drenar el exceso de agua. Si no es así, pide a un adulto que haga unos agujeros en el fondo.

Plántulas

Brotes de cebolla

Fresas

Maceta de fresas

Las fresas, rojas y deliciosas, son ideales para plantar en una maceta. Necesitan una buena tierra de cultivo, y regarlas bien para que den fruto.

Necesitarás:

- ♥ maceta o jardinera
- ♥ tierra de cultivo
- ♥ plántulas de fresa
- ♥ abono

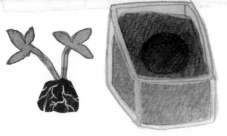

1 Llena el recipiente con tierra de cultivo. A las plantas de fresa les gusta la tierra rica recién sacada de la bolsa.

2 Haz un agujero en la tierra y pon la planta de fresa. Debe quedar bien asentada en el agujero, con las raíces cubiertas por la tierra.

3 Rellena con tierra los huecos que queden alrededor de la planta y dale unos golpecitos suaves.

4 Riega bien la planta. Tienes que regar las fresas todos los días.

5 Cuando la planta florezca, abónala una vez por semana. Así, sus frutos madurarán mejor y serán más jugosos.

6 Ve siguiendo el crecimiento de las fresas. Están a punto para comérselas cuando adquieren un color rojo intenso.

Conoce la tierra

Una parcela de tierra solo necesita sol, agua, semillas y un poco de cariño para convertirse en un jardín. Pero hay diferentes tipos de tierra. Algunas son muy fértiles (así que son buenas para cultivar plantas), pero a veces el suelo se cansa y no tiene bastantes nutrientes (alimento).

Comencemos por la tierra

Una cuarta parte de las especies vive en la tierra. Es el hábitat ideal para las lombrices y un gran número de microorganismos (criaturas demasiado pequeñas para verlas a simple vista). Sin ellos, las plantas no podrían crecer.

Agua

Partículas de roca

¿De qué está hecha la tierra?

Humus
Se trata de materia rica procedente de los cuerpos de animales y plantas muertos.

Aire

Comparemos las tierras

La próxima vez que salgas al jardín, agarra un puñado de tierra del suelo y después un puñado de tierra para macetas. Ponlas una al lado de la otra y observa las diferencias.

¿De qué color es la tierra?
¿Tiene piedras?
¿Ves gusanos?
¿Hay insectos?
¿Está húmeda o seca?
¿Se desmenuza o está apelmazada?

¿Qué es el compost?

El compost se utiliza para hacer la tierra más fértil. Es una mezcla blanda que se forma cuando las plantas se pudren. Puedes hacer tu propio compost depositando los restos de comida en el compostador de tu jardín.

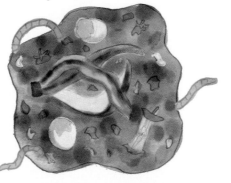

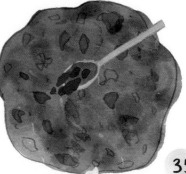

Cómo ser agricultor

Ahora que has aprendido a sembrar y cuidar semillas y plántulas, puedes montar tu propia granja. Como sabes, una granja es un lugar donde se cultivan alimentos para comer. Crea tu propia minigranja siguiendo estos pasos.

Necesitarás:

- ♥ semillas o plántulas
- ♥ regadera
- ♥ bandejas, macetas, o parterres
- ♥ tierra de cultivo
- ♥ cordel
- ♥ horca
- ♥ rotulador
- ♥ etiquetas

1 Elige tus cultivos. Si tienes poco espacio, escoge plantas como berros o hierbas aromáticas. Si tienes más espacio, opta por zanahorias, guisantes o judías verdes. Si quieres un espectáculo impresionante, planta girasoles.

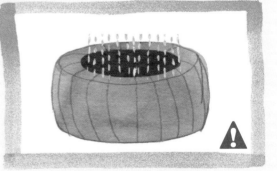

2 Si plantas en el exterior, riega la tierra y haz muchos agujeros con una horca de jardinería. Así estará lo bastante blanda para plantar las semillas. Si cultivas en bandejas o cubetas, rellénalas con una capa de tierra de cultivo y riega.

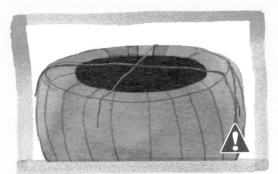

3 Con un cordel, marca cada zona donde vayas a plantar un cultivo diferente. Utiliza la horca para trazar líneas donde plantarás las semillas.

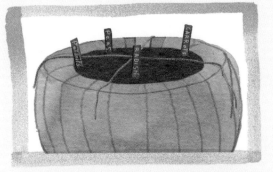

4 Escribe el nombre de cada planta en unas etiquetas. Si hay espacio, anota con qué frecuencia hay que regarlas.

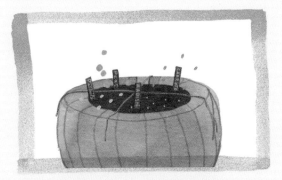

5 Planta tus semillas o plántulas en la zona correcta. Uf, ¡ha sido un día duro de trabajo en la granja! Es hora de beber agua, tanto tú como tus plantas.

6 Cuida tus cultivos para que crezcan grandes y fuertes. Cada planta necesitará una cantidad de agua distinta, y algunas tendrás que abonarlas.

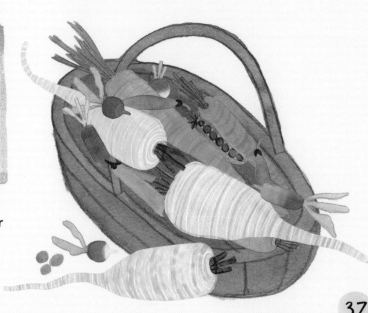

7 ¡Hora de cosechar! Una de las tareas del agricultor es recoger las cosechas para poder comerlas. Tanto si has cultivado deliciosas verduras como altos girasoles, comparte tu cosecha con tu familia y tus amigos.

Flores al poder

Las flores, además de ser muy bonitas, ¡tienen poderes! Las que son llamativas atraen a los insectos, y estos esparcen el polen por tus plantas, lo que les permite dar frutos. Cuando alimentas a estos insectos, ellos te ayudan a alimentarte a ti. Otras plantas, en cambio, ahuyentan a los que quieren comerse tu cosecha.

Festín de polinizadores

La borraja atrae a los insectos polinizadores: ¡llena sus flores de néctar cada dos minutos! Incluso puede mejorar el sabor de las fresas que crecen cerca.

Borraja

La mosca blanca es un insecto al que le gusta comerse los tomates. Las maravillas evitan que lo hagan.

Caléndula

Bocado floral

Las caléndulas, o maravillas, crecen bien incluso en suelos poco fértiles. También tienen unos pétalos comestibles que son deliciosos. Consulta siempre a un adulto antes de comer los pétalos de las flores.

Maravillas

Atractor de pulgones

El hinojo crece muy alto y produce flores amarillas. Estas flores atraen a insectos que se comen a los pulgones, y evitan así que ataquen a las plantas.

Hinojo

Capuchina

Flores heroicas

Flores como las capuchinas pueden utilizarse como «cultivo de sacrificio», lo que significa que algunos insectos prefieren comérselas antes que a las verduras. Por eso cultivar capuchinas te ayudará a proteger tus cultivos.

Truco

Intenta plantar una mezcla de plantas autóctonas y no autóctonas. Las flores autóctonas son escasas en invierno, mientras que las no autóctonas que florecen en invierno proporcionarán alimento a los polinizadores durante todo el año.

Plantas amigas

¿Sabías que las plantas también tienen sus mejores amigos?
Hay combinaciones de plantas que animan a los insectos útiles,
confunden a los inútiles y aprovechan al máximo el suelo. Sus
diferencias hacen de ellas un gran equipo. Es lo que se conoce
como asociación de cultivos.

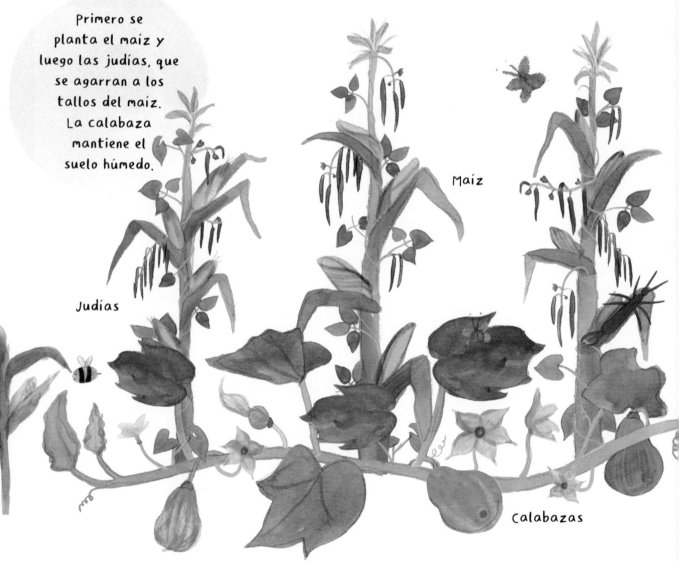

Primero se
planta el maíz y
luego las judías, que
se agarran a los
tallos del maíz.
La calabaza
mantiene el
suelo húmedo.

Maíz

Judías

Calabazas

Tres hermanas

Los indígenas americanos plantan
maíz, judías y calabaza juntos con
tanta frecuencia que se les da el
apodo de «las tres hermanas».

Cada planta aporta algo útil. El maíz
tiene el tallo alto y las judías trepan
por él. Estas enriquecen la tierra.
Las plantas de calabaza tienen hojas
grandes que dan sombra e impiden
que crezcan las malas hierbas.

Olores que repelen

El ajo y el cebollino desprenden un olor fuerte que repele a muchos insectos. Las hierbas aromáticas, como el tomillo o el romero, tienen el mismo efecto. Pero ¡cuidado con la menta!, porque, aunque ayude a disuadir a las plagas, crece muy rápido y le gusta ocuparlo todo. Plántala en su propia maceta.

Menta

Cebollino

Mejor juntos

La albahaca suele plantarse junto a los tomates. Al parecer, mejora su sabor y el fuerte aroma de sus hojas disuade a los pulgones. Con los tomates y la albahaca también puedes preparar una deliciosa salsa para la pasta: ¡están hechos el uno para el otro!

Tomates y hojas
de albahaca

Se suele decir que
lo que sabe bien junto
crecerá bien junto.

Carrera de relevos

Los cultivos de crecimiento rápido son una forma estupenda de aprovechar al máximo el espacio mientras esperas a que crezcan los cultivos más lentos. Las chirivías tienen raíces profundas y tardan en crecer. Los cultivos de raíces superficiales, como los rábanos o la lechuga, se pueden cultivar en la superficie mientras las verduras de raíces profundas van creciendo debajo.

Chirivía

Rábanos

Deliciosa imperfección

Las verduras del súper se suelen elegir para que tengan todas el mismo aspecto, pero la fruta y las verduras presentan de forma natural colores diversos y formas irregulares. A menudo, las que parecen menos perfectas ¡son las que saben mejor!

Raras maravillas

Los distintos tipos de frutas y verduras se denominan «variedades». Aquí tienes algunas variedades poco usuales que son diferentes de las que sueles ver en las tiendas.

Patatas de abeto rosas

Tomates fresa naranja

Tomates salchicha verdes

Patatas banana rusas

Tomates calabaza morados

Patatas moradas del Congo

Vegetales autóctonos

Algunos jardineros cultivan plantas que los agricultores evitan porque son demasiado pequeñas o porque tardan en crecer. Se llaman «variedades autóctonas» porque las semillas se transmiten de generación en generación. Cultivar variedades autóctonas ayuda a evitar que las plantas desaparezcan.

Calabaza azul de Queensland

Fresas alpinas blancas

Berenjenas violetas de Florencia

Calabacín rayado

Zanahorias de colores

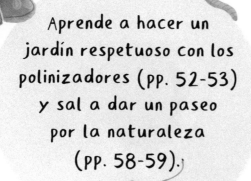

Aprende a hacer un jardín respetuoso con los polinizadores (pp. 52-53) y sal a dar un paseo por la naturaleza (pp. 58-59).

Escucha los sonidos de la fauna que te rodea.

Mi jardín silvestre

En un jardín no hay solo plantas. También es el hogar de una gran variedad de fauna, desde insectos hasta pájaros y animales más grandes, haz de tu jardín un lugar acogedor para todo tipo de visitantes.

cadenas alimentarias

Todos los seres vivos de la naturaleza buscan alimento.
Las plantas obtienen todo lo que necesitan del sol, el agua,
la tierra y el aire, y a veces de los humanos. Las plantas
son devoradas por los herbívoros y, a su vez, los herbívoros
son comidos por los carnívoros. Cada ser vivo forma
parte de una cadena alimentaria.

1 Las plantas obtienen su energía de la luz solar, el agua y un gas llamado dióxido de carbono. Producen su propio alimento, y decimos que son «productoras».

2 Las plantas son devoradas por los herbívoros. Los herbívoros son insectos como los pulgones, mamíferos como los conejos y aves que comen frutos secos y bayas.

Red alimentaria

Todos los seres vivos forman parte de muchas cadenas alimentarias. Estas cadenas forman una red alimentaria. Un jardín es una gran red alimentaria en la que todos los seres vivos están conectados entre sí. Es importante proteger a todas las plantas y animales de esta red porque dependen unos de otros.

3 Los animales carnívoros (los que comen carne), como los zorros, los búhos y las mariquitas (que comen insectos), cazan presas y se llaman depredadores. Algunos animales, llamados omnívoros, comen plantas y carne.

4 Todas las plantas y los animales acaban muriendo y son devorados por descomponedores como escarabajos y hongos.

Vida salvaje todo el año

Al igual que en el caso de las plantas, la vida de los animales varía según la época del año. Mantén los ojos y los oídos bien abiertos para ver todas las criaturas que revolotean, corren o zumban en el exterior.

Escucha:

Los pájaros cantan para atraer a una pareja con la que criar a sus polluelos.

Observa:

Aves migratorias, que viajan a distintos lugares en diferentes épocas del año.

Golondrinas

Haz:

Las ranas ponen sus huevos, que se convertirán en renacuajos. Puedes ayudar a los renacuajos poniendo plantas acuáticas en tu estanque.

Primavera

48

Escucha:

Notarás zumbidos en el aire. Son las abejas y otros insectos que vuelan de flor en flor.

Libélulas

Observa:

Las crías han nacido o han salido de sus huevos. Mira si ves polluelos que naden en el estanque.

Haz:

Pon tinas y platos con agua en el jardín para que los animales puedan beber y chapotear cuando haga calor.

Verano

Escucha:

Las hojas caídas hacen crujir las pisadas de animales y personas. De noche, puede que oigas pájaros u otros animales junto a tu ventana.

Observa:

Las arañas tejen muchas de sus telas en otoño. Cuando el tiempo es húmedo, se pueden ver brillar en los arbustos.

Haz:

Planta bulbos que florezcan en primavera, como los tulipanes. También puedes plantar campanillas, que florecen en invierno. Dan néctar a los insectos en una época en que no tienen mucho que comer.

Otoño

Escucha:

El invierno es algo más silencioso porque hay algunos animales, como los erizos, que se lo pasan durmiendo.

Campanilla

Crocus

Observa:

Las flores de invierno no son grandes como las de verano. Pueden ser muy pequeñas, así que tendrás que fijarte para verlas.

Ciclamen

Haz:

Los árboles descansan en invierno y no crecen. Si se plantan en invierno, se habrán asentado cuando llegue la temporada de crecimiento, en primavera.

Invierno

Los amigos de las flores

Las plantas necesitan a los polinizadores, unos animales que les ayudan a esparcir el polen. Las flores producen polen y este debe llegar a otras flores para que produzcan semillas. Parte del polen viaja con el viento, pero 8 de cada 10 plantas silvestres dependen de los polinizadores.

Polinizadores

Avispas

Mariposas

Abejas

Sírfidos

Murciélagos

Esparcir el polen

1 La flor contiene néctar, un líquido dulce que a los polinizadores les encanta. La abeja se posa en la flor para sorberlo.

2 El polen de la flor se pega al cuerpo del polinizador.

3 Cuando el polinizador vuela en busca de más néctar, el polen roza la nueva flor.

4 El polen se une a un óvulo en el interior de la flor. Este se hincha y se convierte en una semilla. La semilla cae al suelo o se la lleva el viento, y crece hasta convertirse en una nueva planta.

Los fruticultores suelen llevar abejas a sus cultivos para que les ayuden a polinizar las plantas.

Atraer a los polinizadores

A los polinizadores les cuesta encontrar néctar para alimentarse. Muchas zonas que eran silvestres se han pavimentado y han perdido buena parte de las plantas que alimentaban a abejas, avispas, moscas, mariposas y murciélagos. Puedes ayudar y atraer a estos animales cultivando las flores que necesitan para alimentarse y creando hogares seguros donde puedan vivir.

Plantas para los polinizadores

Ofrece alimento a los polinizadores plantando flores. Busca un lugar con sol y que esté protegido del viento. Elige una planta propia de donde vives adecuada a la época del año.

Primavera y verano

Flores como el cosmos son muy apreciadas por las abejas. Siembra las semillas en primavera y riégalas bien.

Otoño e invierno

En otoño, opta por las plantas de clima frío, como el brezo, el crocus o el acónito.

Visitantes nocturnos

A diferencia de las abejas, las polillas salen de noche. Planta flores que se abran por la noche, como el jazmín o la onagra.

Una casa acogedora

Ayuda a los polinizadores construyéndoles un hogar. Si en tu jardín hay ladrillos, piedras o trozos de madera en desuso, apílalos de forma ordenada en un rincón donde no molesten. A los polinizadores les gusta el calor, así que asegúrate de que sea un lugar soleado y protegido del viento. A los escarabajos les encanta comer madera muerta, mientras que los manojos de tallos secos atraerán a las abejas.

Estanque

Además de néctar, los polinizadores necesitan agua. Deja un plato con agua fresca y piedrecitas. Los guijarros ayudan a los insectos a entrar y salir con más facilidad.

53

Estanque vivo

El agua atrae al jardín a todo tipo de fauna, desde insectos como las libélulas a anfibios como las ranas y los sapos. Crea un hogar fresco y húmedo para la fauna plantando el tipo de vegetación que encontrarían en la naturaleza.

El rizo de agua es un oxigenador, lo que significa que bombea oxígeno al agua.

Recicla un recipiente

Puedes hacer un estanque sin tener que cavar. Usa un cubo, por ejemplo. Pon una capa de tierra especial para estanques llamada «marga acuática» y llénalo con agua de lluvia. A los animales no les gusta el agua del grifo, que ha sido tratada para hacerla potable. Un adulto debe acompañarte siempre que estés cerca del agua.

Los nenúfares tapan parte de la luz solar, lo que mantiene el agua fresca e impide que haya algas. Las algas son una planta capaz de cubrir rápidamente la superficie del estanque y bloquear toda la luz.

Junco

Nenúfar enano

Caléndula acuática

Azucena acuática

Las plantas acuáticas pueden vivir en aguas más profundas hacia el centro del estanque.

54

Baño de abejas

Recolectar néctar es un trabajo duro. Prepara un plato hondo con agua para los insectos sedientos. Pon piedrecitas en él. Los guijarros proporcionan a los insectos un lugar en el que posarse mientras beben.

Oreja de ratón

Rizos de agua

Iris japonés

A algunas plantas, llamadas marginales, les gusta vivir con las raíces bajo el agua, pero sus tallos y flores emergen a la superficie.

Apila piedras o ladrillos a un lado del estanque para que haya un lugar por el que los animales puedan entrar y salir.

Resolver los problemas

Incluso los jardineros expertos tienen plantas que no crecen.
Si tus plantas se mueren, puede que algo esté mal en su entorno.
Haz de médico de plantas y diagnostica qué es lo que hace que
tengan problemas.

Planta seca y marrón

Si tu planta tiene las hojas secas
y frágiles y la tierra está seca al
tacto, es que no tiene suficiente
agua. Riégala bien y comprueba
si se anima.

Bordes marrones

El borde marrón de las hojas
podría indicar falta de luz.
¿Las hojas marrones están en
el lado de la planta a la que
no le da la luz? Si es así, debes
trasladar tu maceta a un lugar
donde reciba más luz solar.

Hojas amarillas

Si algunas hojas se ponen
amarillas, puede que la
estés regando demasiado.
Toca la tierra con un dedo.
Si la notas empapada,
trasplántala para librarla
de la tierra encharcada.

Si toda la planta se vuelve
amarilla, la temperatura no es la
adecuada. Trasládala a un lugar
más cálido o más fresco, y mira
si vuelve a ponerse verde.

Plagas en plantas de exterior

Si parece que los *aliens* hayan atacado a tu planta, puede que haya sido devorada por una plaga. Insectos, babosas y hongos pueden atacar y comerse las plantas. Hablamos de plaga cuando muchos de estos animales perjudican nuestra planta.

Riega las plantas con manguera para eliminar el mayor número posible de insectos.

Tritura cáscaras de huevo y espárcelas alrededor de la base de las plantas para evitar las babosas.

Planta menta verde o menta piperita para repeler a los insectos.

Cultiva juntas plantas que necesiten condiciones parecidas. Es lo que se conoce como asociación de cultivos.

Plagas en plantas de interior

Las plantas de interior pueden ser el hogar de los ácaros. Si detectas algún bichito o telaraña, pon la planta en el fregadero y lávala solo con agua. Lava el lugar donde está la planta con agua y jabón. Pide a un adulto que compre un espray insecticida para eliminar la plaga del todo.

57

Pasear por el campo

Cada vez que sales de casa, tienes la oportunidad de ver plantas y animales. Pasear por la naturaleza te ayuda a descubrir tesoros ocultos en tu propio entorno en los que quizá no habías reparado antes. Ve siempre acompañado de un adulto.

Necesitarás:

- ♥ cuaderno con tapa dura
- ♥ lápices de colores

Puede ser útil:

- ♥ lupa de aumento

Antes de salir

Abre tu cuaderno y escribe la fecha en la parte superior de una página en blanco. ¿Qué estación es? Si no estás seguro, escribe qué tiempo hace. Hazlo antes de cada paseo.

Dibuja lo primero que veas.

Todo un mundo

Mira al suelo. Las grietas del pavimento pueden esconder más de lo que crees. Acércate para ver las hierbas o los insectos que viven allí.

Los árboles del camino

Fíjate en los árboles o arbustos que hay en tu recorrido. Pregúntate: ¿Tienen hojas? ¿Son de hoja caduca o perenne? ¿Dan bayas o frutos? ¿Ves pájaros en las ramas?

Marca el perfil de una hoja.

Escucha

Para un momento y cierra los ojos. ¿Qué oyes? ¿El viento, el zumbido de un insecto, las gotas de lluvia o el canto de los pájaros? Escucha durante un minuto y escribe todos los sonidos que recuerdes.

Cuaderno de campo

Tu cuaderno es un diario de la naturaleza en el que anotas las cosas que ves cuando sales a pasear por el campo. Compara tus paseos y piensa qué fue diferente en cada uno y por qué.

Truco

Al pasear, trata de encontrar cosas rojas, pájaros pequeños y casas de animales: nidos, telarañas...

Aprende a
hacer un encurtido
(pp. 62-63) con las
deliciosas verduras
que has cultivado.

Más allá de tu jardín

Cuando plantas tu primera semilla, ya eres un jardinero. Difunde tu afición y lleva las plantas a todas partes. Puedes compartir la alegría de la naturaleza con todos tus amigos y conocidos.

Tus propios encurtidos

Ya has cultivado tus plantas comestibles, así que es hora de convertirlas en un delicioso tentempié. Recuerda que las verduras con bultos y protuberancias saben igual de bien o mejor que las de las tiendas. De hecho, son perfectas para hacer encurtidos. Aquí tienes una receta muy fácil.

Preparación: 20 minutos, más 48 h de encurtido

Necesitarás:

- ♥ 450 g de verduras variadas, como zanahorias, judías verdes, calabacines o coliflor

- ♥ 200 ml de agua

- ♥ 1 cucharada de sal

- ♥ 1 cucharada de azúcar

- ♥ 200 ml de vinagre de sidra

- ♥ tarro de 1 litro con tapa

Antes de comenzar

Ve a buscar a un adulto para que te ayude a pelar y cortar las verduras más duras.

1 Elige las verduras. Tú decides cuáles vas a utilizar. Todas saben bien en encurtido. También puedes preparar solo un tipo.

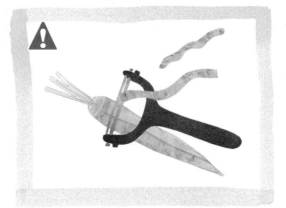

2 Si tu verdura tiene la piel dura, como la zanahoria o el boniato, pídele a un adulto que la pele con cuidado.

3 Parte las verduras en trozos pequeños, de aproximadamente 1 cm de lado. Si haces coliflor, pártela en ramilletes muy pequeños.

4 Pide a un adulto que hierva el agua. Remueve la sal y el azúcar en el agua para que se disuelvan y añade el vinagre.

5 Pon las verduras troceadas en el tarro y vierte la mezcla de agua y vinagre por encima. Deja un hueco de 2-3 cm en la parte superior. Deja enfriar.

6 Pon el tarro en la nevera unas 48 horas. Ábrelo y ¡a disfrutar!

Truco

– – – – – – –

Para potenciar el sabor, puedes añadir 1 cucharadita de pimienta negra en grano, o unos granos de mostaza, o guindillas secas (no las toques con las manos).

Añade tus encurtidos en el bocadillo, ya verás como te sabe mucho mejor. Su sabor avinagrado también combina muy bien con los ingredientes de un plato como la ensaladilla.

Flores prensadas

Las flores pueden secarse y prensarse para guardar
un recuerdo de los días de primavera, las vacaciones
de verano o los paseos otoñales. Conservarán su color
y a veces también un poco de su olor.

Necesitarás:
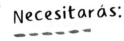
- ♥ flores
- ♥ papel craft
- ♥ un libro grueso

Antes de comenzar

Las flores húmedas se
estropearán al prensarlas, así
que es importante recoger los
pétalos y las flores en un día
seco. Los pétalos finos quedan
mejor que los gruesos: prueba
con pensamientos o con
amapolas.

1 Abre el libro por la mitad. Pon
una hoja de papel craft sobre
la página abierta.

2 Coloca las flores sobre el
papel. Prueba a ponerlas
de distintas formas.

3 Pon otra hoja de papel craft encima y cierra el libro. Presiónalo con fuerza.

4 Deja el libro en un lugar cálido y seco durante dos semanas, procurando que se mantenga plano.

5 Pasadas dos semanas, abre el libro y encontrarás tus flores preservadas y prensadas.

6 Añade las flores a tu cuaderno de naturaleza o pégalas en una cartulina para hacer una tarjeta de felicitación o un marcapáginas.

Compartir semillas

Una vez que has cultivado plantas en casa, es hora de llevar la alegría de la jardinería a tu entorno. Hay muchos espacios en pueblos y ciudades que no se cuidan. Son lugares perfectos para darles un toque de color. Pide a un adulto que te acompañe y decidid juntos dónde plantar tus semillas.

Encuentra el lugar adecuado

Cuando vayas a la escuela, busca un trozo de tierra. Puede que no sea bonito y nadie se fije en él: un hueco entre adoquines, alrededor del tronco de un árbol o una zona común olvidada.

SÉ
AMABLE

Ponte en marcha

Prepara las semillas y una botella de agua y sal con la persona adulta a buscar un trozo de tierra. Riégala para ablandarla y después echa las semillas.

Mantente atento

Tus semillas necesitarán un riego regular. Riégalas con tu botella una vez a la semana. Si están de camino a la escuela, podrás ir viendo cómo crecen.

Truco

Algunos lugares pueden ser de difícil acceso. Arroja tus semillas desde un lugar seguro y ¡que haya suerte! Puede que no crezcan las mejores plantas de la historia, pero alegrarás el espacio donde has esparcido tus semillas.

Mundo silvestre

Resilvestrar es hacer que las zonas naturales vuelvan a ser como eran antes de la llegada del ser humano. En los lugares resilvestrados, la fauna y la flora pueden comportarse de forma natural. Pero no se trata solo de dejar que la naturaleza siga su camino; necesita de nuestra ayuda para recuperarse.

Esparcir semillas de flores silvestres.

1 Crea un prado de flores silvestres cerca de tu casa. Pide a un adulto que compre las semillas: tienen que ser flores que crezcan de forma natural en la zona en la que vives. Sal a pasear y esparce las semillas donde te gustaría que creciera tu prado. Las zonas descuidadas detrás de las cercas quedarán mejor con flores coloridas.

Una zona salvaje es ideal para hacer un nido.

2 Visita un santuario de aves o una reserva natural cuando vayas de excursión. Puede que haya pequeñas reservas naturales cerca de donde vives, alejadas de las carreteras principales. Apoyar proyectos ecológicos locales ayuda a mantener los espacios naturales.

Vencejo

Gaviota

Las aves migratorias pueden necesitar zonas de descanso.

Albatros

3 Apúntate a una jornada de plantar árboles. Los árboles no solo ayudan a absorber el carbono que provoca el calentamiento global, sino que son el hogar de pájaros e insectos. Cada árbol acoge mucha variedad de vida animal y vegetal.

Bolas de semillas

Estas bolas son fáciles de preparar, y con ellas podrás hacer llegar tus semillas a lugares a los que te puede ser difícil acceder. Además, siempre puedes llevarlas en el bolsillo, en una bolsa de papel, por si ves el lugar perfecto para esparcirlas. Consulta con un adulto dónde puedes lanzar tus semillas, pero no lances nunca una de estas bolas a otra persona.

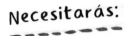

Necesitarás:

- ♥ semillas
- ♥ bol
- ♥ compost
- ♥ arcilla (la que viene en polvo es más fácil de usar)
- ♥ agua
- ♥ bandeja de horno

Truco

Los acianos, las amapolas y los cosmos darán un toque de color a lugares grises. Para las zonas poco soleadas, prueba con flores del bosque como la ulmaria, las prímulas y las margaritas.

1 Pon las semillas en el bol. Usa un paquete de semillas o un puñado de ellas si utilizas tus propias semillas. Añade cinco puñados de compost.

2 Agrega ahora tres puñados de arcilla. Si tienes arcilla sólida, hazla pedacitos antes. La arcilla ayudará a que las bolas de semillas queden más compactas.

3 Mezcla bien todo con las manos. Añade agua poco a poco hasta que se forme una masa pegajosa.

4 Haz bolas de unos 5 cm de diámetro con la mezcla. Coloca las bolas de semillas en una bandeja de horno y déjalas secar toda la noche.

5 Tus bolas de semillas ya están listas. ¿Dónde esparcirás las flores silvestres? ¿En un campo o en el parque? Si no estás seguro, empieza en tu propio jardín o en una de tus macetas, y a ver qué pasa.

Resistir la sequía

Las plantas del lugar donde vives se han adaptado a su hábitat. Muchos lugares del mundo son cada vez más calurosos y secos. Cuando hace tiempo que no llueve, decimos que hay sequía. Aquí tienes algunas plantas que pueden sobrevivir durante una sequía.

Raciona el agua

El agua es un recurso precioso. Debemos evitar usar más de la cuenta, en casa y en el jardín. Además de recoger el agua de lluvia para regar, puedes plantar un jardín que necesite menos riego.

Truco

El mantillo suele ser de corteza o virutas. Una capa en el suelo alrededor de una planta ayuda a mantener el agua bajo tierra, donde sus raíces pueden captarla.

Qué les ayuda a resistir la sequía

Las plantas pierden agua cuando se convierte en vapor y se evapora a través de las hojas. Las más resistentes a la sequía tienen formas de evitar la evaporación.

La vellosidad de la hoja ayuda a mantener el agua en su interior.

Las hojas claras reflejan el calor del sol. Las plantas que necesitan menos agua suelen tener hojas de color gris plateado.

Las agujas retienen más agua que las hojas de gran superficie.

¡No echamos en falta el agua!

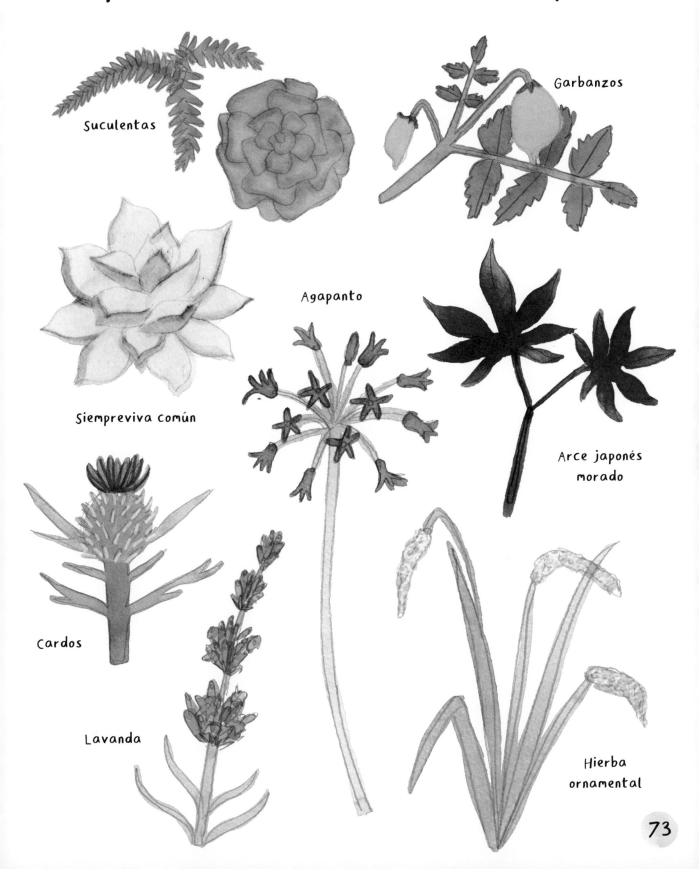

Suculentas

Garbanzos

Siempreviva común

Agapanto

Arce japonés morado

Cardos

Lavanda

Hierba ornamental

El jardinero ecológico

Hay muchas maneras de reducir, reutilizar y reciclar en el jardín. Ser un jardinero respetuoso con el medio ambiente significa hacer todo lo posible para cuidar de él.

Reutiliza los envases

En la jardinería puedes reutilizar las hueveras, los rollos de papel de cocina cortados por la mitad y los filtros de café usados. Las hueveras son ideales para las semillas, y los rollos de papel de cocina vacíos son perfectos para los semilleros. Con los filtros de café tendrás que usar tus habilidades manuales para convertirlos en macetas para tus plantones. Puedes plantar todos estos recipientes directamente en la tierra, donde se descompondrán de forma natural.

Recicla las macetas

¿Conoces los cangrejos ermitaños? Cuando el caparazón se les queda pequeño, lo dejan y buscan uno más grande como nuevo hogar. El trasplante de plantas es algo parecido. Cuando pones una planta en una maceta nueva más grande, puedes pasar a la primera otra planta más pequeña.

Reduce el uso de agua

Incluso en lugares donde llueve con regularidad a veces hay épocas de sequía. Es mejor guardar el agua siempre que se pueda que depender del agua del grifo, que está tratada para que sea potable. Las plantas siempre prefieren el agua de lluvia.

Coloca un cubo o un depósito de agua en el exterior para recoger la lluvia y usarla para regar. Intenta colocarlo debajo del desagüe del tejado para recoger la mayor cantidad de agua. Si en tu casa no hay, aprovecha el agua de fregar los platos: a las plantas no les importa un poco de jabón.

Truco

El agua estancada puede oler mal. Utilízala rápidamente después de almacenarla. Viértela sobre tus plantas con una regadera.

Glosario

absorber

impregnarse de algo

acuático

planta o animal que vive o crece en el agua o cerca de ella

adaptación

cómo un ser vivo modifica su comportamiento o aspecto para integrarse mejor en el entorno

anfibio

vertebrado (un animal con columna vertebral) de sangre fría, como una rana o un tritón

anual

planta que completa todo su ciclo vital en un año

asociación de cultivos

plantar juntas plantas a las que les gusta crecer en las mismas condiciones

autóctona

especie que siempre ha vivido en una zona, en lugar de ser introducida allí

brote

semilla que acaba de empezar a germinar

caduca

planta que pierde las hojas en otoño

cambio climático

cambio de temperatura y clima en la Tierra, que puede ser natural o causado por la actividad humana

compost

mezcla de plantas en descomposición que se añade a la tierra

conservación

protección del medio ambiente y la vida animal y vegetal

cosechar

recoger las plantas cuando ya están maduras

encurtido

condimento a base de frutas o verduras conservadas en vinagre para que duren más

especie invasora

planta o animal que se introduce en un lugar nuevo, a propósito o por accidente, y causa daños en el entorno que lo rodea

estacional

algo que solo crece en una estación determinada

extinción

desaparición de todos los miembros de una especie

fértil

capacidad del suelo de proporcionar los nutrientes adecuados (alimento) para que una planta crezca

flor

parte de una planta que contiene sus órganos masculino y femenino

flora y fauna

organismos, hongos y plantas que crecen en la naturaleza

fotosíntesis

proceso en que las plantas y las algas producen alimento utilizando la energía del Sol

fruto

parte madura de una planta con flores, que contiene una o varias semillas

germinación

cuando las semillas brotan y empiezan a crecer

hábitat

entorno natural de un animal o una planta

herencia

algo que se transmite de una generación a la siguiente

hongos

grupo de seres vivos, incluidos hongos y mohos, que descomponen y comen plantas muertas y animales

insecto

criatura cuyo cuerpo está dividido en tres secciones protegidas por una capa dura

jardín comunitario

espacio verde, normalmente en una zona urbana, donde se cultivan plantas

medio ambiente

entorno natural de un ser vivo

microorganismo

ser vivo que solo puede verse a través de un microscopio, como las bacterias, el moho y los virus

néctar

líquido dulce que produce la flor de una planta

no autóctona

especie que se ha introducido en un lugar en el que no había vivido antes

nocturno

activo solo de noche

nutriente

alimento del suelo que permite crecer a una planta

orgánica

fruta o verdura cultivada sin pesticidas

oxígeno

gas incoloro que hay en el aire

perenne

planta que conserva las hojas en invierno, o aquella que tiene un ciclo de vida de tres o más años

pesticida

sustancia que se usa para eliminar los insectos que viven en las plantas

plaga

aparición masiva de insectos u otros animales que atacan las plantas

planta de interior

planta que vive dentro de casa

planta trepadora

planta que se adhiere a algo, como una pared

plántula

planta joven que se desarrolla a partir de una semilla

polen

granos muy finos que una planta utiliza para empezar a hacer una copia de sí misma

polinización

proceso de trasladar el polen de una flor a otra para que pueda reproducirse

polinizador

animal que transporta el polen de una flor a otra

pulgón

pequeño insecto que chupa la savia de las plantas

resilvestrar

devolver la tierra o el agua a su estado natural

semilla

elemento que, además de alimento, contiene todo lo necesario para que crezca una nueva planta

sostenible

proceso que protege la naturaleza para que esta dure el mayor tiempo posible

tubérculo

parte más gruesa del tallo de una planta que crece bajo tierra, como la patata

turba

tipo de suelo rico formado por plantas y sus restos en descomposición

índice

a

abejas 50, 51, 52, 53, 55
aclarado 29
adaptaciones 72
agua 8, 13, 15, 17, 37, 46, 53, 54-55, 56, 72-73
  ahorro 72, 75
agua de lluvia 54, 72, 75
ajo 11, 41
albahaca 41
alféizar 20, 30-31
algas 54
alimento
  abono 37
  estacional 25
  producir el propio 18
anfibios 19, 54
anuales 29
apio 11
árboles 59, 69
asociación de cultivos 40-41, 57
aves 8, 19, 46, 48, 49, 59, 69

b

baños 20
berros 30-31, 36
bienales 29
bolas de semillas 70-71
borrajas 38
brotes 8

c

cadenas alimentarias 46-47
calabazas 40, 43
caléndulas 38
cambio climático 72
capuchinas 39
cebollas 27
cebollino 41
chirivías 41
col 27
compost 12, 13, 17, 35
comunidades 18, 20, 66
control de plagas 38, 39, 41, 57
cosechar 37
crecimiento, condiciones de 14-15
cuaderno de campo 59
cucurbitáceas 26
cultivos 36, 37, 39, 41

d

dalias 9
descomponedores 47
dióxido de carbono 46
drenaje 12, 32

e

encurtidos 62-63
energía 8, 14, 18, 46
espacio, uso del 28-29

estaciones 24-25, 48-49
estanques 53, 54-55
etiquetas 13, 37
evaporación 72

f

fertilidad 8, 34, 35
flores 8, 10, 50-51, 52
  comestibles 38
  prensadas 64-65
  silvestres 10, 68, 71
fotosíntesis 14
fresas 33, 43
frutos 10, 11, 24, 51
frutos secos 10, 46

g

girasol 9, 36, 37
guisante 9, 27
gusanos 34, 35

h

heladas 15
herbívoros 46
hierbas y especias 10, 11, 36, 41
hinojo 11, 39
hivernaderos 13, 25
hogares 19
hojas 8, 16, 17, 56, 72
hojas de semilla 16
humus 34

i j

insectos 34, 35, 38, 39, 40,
    50-53, 57, 58
jardinería ecológica 74-75
judías 27, 40

l

lirios 28
luz 14
luz solar 8, 14, 16, 21, 46, 56

m

macetas y jardineras
    32-33, 36
  pasar a una maceta
    16-17, 74
maíz 40
mantillo 72
maravillas 38
medio ambiente 18, 56,
    58, 74
menta 41
microorganismos 34

no

néctar 50, 52
nutrientes 8, 34
omnívoros 47
orugas 39
oxígeno 18, 54

p

patatas 42
perennes 29
plantas
  acuáticas 54
  de interior 14, 57
  trepadoras 21
plántulas 16-17, 18, 74
polillas 52
polinizadores 38, 39,
    50-53
polución 18
problemas, resolver 56-57
pulgones 39, 41, 46

r

rábanos 41
raíces 8, 17
reciclar y reutilizar 74
reservas naturales 69
resilvestrar 68-69
romero 41

s

semillas 8-9, 51
  compartir plantas 66-67
  enmacetar y plantar
    16-17
  paquetes 29
  recolectar 10-11
  sembrar 9, 12-13

sequías 72
solanáceas 27
sombra 14

t

temperatura 14, 15
tierra 8, 34-35, 36
tomates 41, 42
tomillo 41
trasplantar 16-17
turba 13

v

verduras 10, 11, 36, 37
  encurtidos 62-63
  estacionales 24-25
  familias 26-27
  imperfectas 42-43
  raíz y tallo 26
  variedades autóctonas
    43
vida silvestre 19, 69
  cadenas alimentarias
    46-47
  estaciones 48-49
  estanques 54-55
  pasear 58-59

Agradecimientos

DK quiere agradecer a las siguientes personas su ayuda en la preparación de este libro: Anne Damerell por su asistencia legal, Sipi Hämeenaho por su asistencia editorial, Caryn Jenner por la revisión de los textos y Helen Peters por la confección del índice.

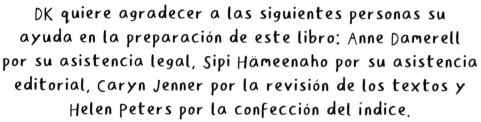

Sobre la ilustradora

Livi estudió ilustración en Cornualles antes de volver a su ciudad natal en Hertfordshire. Obtiene inspiración de los viajes, la naturaleza y la comida. Cuando no está ilustrando, se la puede encontrar caminando por el campo, cocinando o cuidando su huerto. Después de hacerse con un huerto en 2019, descubrió un amor por la jardinería que se intensificó durante el tiempo de confinamiento de 2020, cuando sus cultivos fueron para ella un auténtico refugio en los momentos de incertidumbre y temor. Después de aquella experiencia, Livi ha creado un huerto en su nueva casa y hoy es una gran apasionada de la aplicación de la jardinería al bienestar.

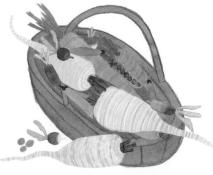